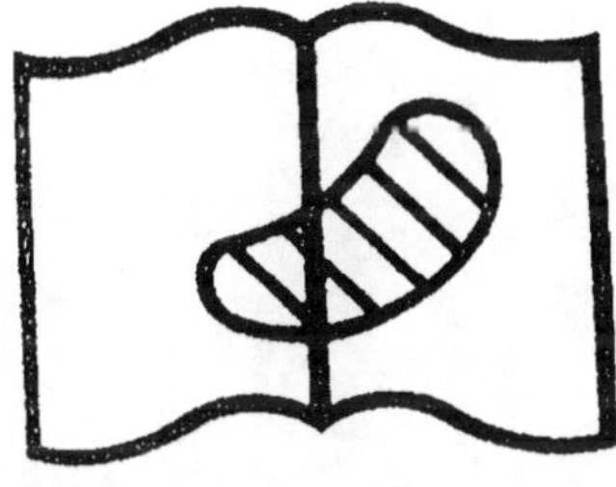

Illisibilité partielle

Couvertures supérieure et inférieure
manquantes

ÉTAT DES CATALOGUES

DES BIBLIOTHÈQUES PUBLIQUES DE FRANCE

Catalogues généraux.

Catalogi librorum manuscriptorum qui in bibliothecis Galliæ, Helvetiæ, Belgiæ, Britanniæ magnæ, Hispaniæ, Lusitaniæ asservantur, nunc primum editi a D. G.-F. Haenel. Lipsiæ, 1829, in-4° de x pages et 1238 col.

Dictionnaire des manuscrits ou Recueil des catalogues de manuscrits existant dans les principales bibliothèques d'Europe, concernant plus particulièrement les matières ecclésiastiques et historiques, t. XL de la *Nouvelle encyclopédie théologique* de Migne. Paris, 1853, in-4° de 1444 col.

Catalogue général des manuscrits des bibliothèques des départements, publié sous les auspices du Ministère de l'instruction publique. Paris, 1849-1878, 6 vol. in-4° de VII-901, XXVII-1170, XII-808, X-732, CXCII-755 et XI-907 pages.

Inventaire sommaire des manuscrits des bibliothèques de France dont les catalogues n'ont pas été imprimés, publié par Ulysse Robert. Paris, 1879-1882, 3 fascic. in-8° de XXXVI-448 pages.

Inventaire sommaire des manuscrits grecs des bibliothèques des départements, par Henri Omont, dans le *Cabinet historique*, 1883, p. 193-208, et tirage à part de 18 pages.

Abbeville. — *Catalogue de la bibliothèque communale d'Abbeville*, par Charles Louandre. Abbeville, 1836-1837, 2 vol. in-8° de x-283 et 332 pages. (Les mss. sont t. II, p. 257-260.)

Agen. — Robert, 1-2; — Omont, 5.

Aire-sur-la-Lys. — Robert, 2.

Aix. — *Catalogue des manuscrits de la bibliothèque Méjanes*, par E. Rouard. In-8° de 128 pages (volume inachevé et non publié).

Catalogue raisonné des manuscrits concernant la ville d'Arles, déposés dans la bibliothèque d'Aix, dite de Méjanes, par J.-L. Mouan, avocat, sous-bibliothécaire. Aix, 1847, in-8° de III-85 pages. (6)

Catalogue des manuscrits légués par M. Roux-Alphéran à la bibliothèque d'Aix, p. 95-144 de la *Notice sur la vie et les travaux de M. Roux-Alphéran*, par M. Mouan. Aix, 1859, in-8° de 144 pages.

Robert, 2-22.

Ajaccio. — *Catalogue méthodique de la bibliothèque communale de la ville d'Ajaccio*, par André Touranjon. Ajaccio, 1879, in-8° de XLII-931 pages. (Les mss. sont p. 805-816.)

Robert, 23-25.

Albi. — *Manuscrits de la bibliothèque d'Albi* (catalogue rédigé par Libri, revu par M. Félix Ravaisson), dans le *Catalogue général des manuscrits des bibliothèques des départements*, t. I, p. 479-498, et tirage à part de 18 pages.

Haenel, 15-17 ; — Migne, 75-82, avec additions ; — Omont, 5.

Alençon. — Haenel, 18-21 ; — Migne, 81-86 ; — Robert, 26-28.

Alger. — *Mairie de la ville d'Alger. Catalogue de la bibliothèque communale de l'Hôtel-de-Ville*. Alger, 1880, in-8° de 75 pages.

Amboise. — *Bibliothèque d'Amboise. Catalogue*. Tours (s. d.), in-8° de 28 pages.

Amiens. — *Catalogue descriptif et raisonné des manuscrits de la bibliothèque communale de la ville d'Amiens*, par J. Garnier, bibliothécaire-adjoint, etc. Amiens, 1843, in-8° de LV-563 pages.

Haenel, 21-27 ; — Migne, 87-108, avec additions ; — Omont, 5.

Bibliothèque communale de la ville d'Amiens. Catalogue de la bibliothèque léguée par M. Cozette. Amiens, 1844, in-8° de XVIII-173 pages.

Catalogue méthodique de la bibliothèque communale d'Amiens, par J. Garnier. Amiens, 1853-1874, 10 vol. in-8°. — *Médecine*, 1853, XIV-576 pages. — *Belles-lettres*, 1854, LVIII-646 pages. — *Histoire* (2 vol.), 1856-1857, 1170 pages. — *Sciences et arts*, 1859, VII-688 pages. — *Histoire des religions*, 1862, VII-623 pages. — *Jurisprudence*, 1864, VII-400 pages. — *Théologie* (2 vol.), 1869-1870, III-575 et 762 pages. — *Polygraphie*, 1873, III-225 pages. — 1er *Supplément*, 1874, in-8° de 658 pages. — *Acquisitions de 1875*, 1876, in-8° de 48 pages. — *Acquisitions de 1876*, 1877, in-8° de 19 pages. — *Acquisitions de 1877*, 1878, in-8° de 32 pages. — *Acquisitions de 1878*, 1879, in-8° de 40 pages. — *Acquisitions de 1879*, 1880, in-8° de 132 pages. — *Acquisitions de 1880*, 1881, in-8° de 63 pages. — *Acquisitions de 1881*, 1882, in-8° de 76 pages. — *Acquisitions de 1882*, 1883, in-8° de 46 pages. — *Acquisitions de 1883*, 1884, in-8° de 58 pages.

Catalogue de la bibliothèque de M. le comte Charles de l'Escalopier..., publié par les soins de J.-F. Delion. Paris, 1866-1867, 3 vol. in-8° de XXXI-473, 512 et XVIII-272 pages.

Angers. — *Catalogue des manuscrits de la bibliothèque d'Angers*, par Albert Lemarchand, conservateur-adjoint. Angers, 1863, in-8° de VII-510 pages.

Haenel, 27-29; — Migne, 107-110.

Catalogue des imprimés de la bibliothèque d'Angers, par M. Albert Lemarchand. Angers, 1871-1875, 4 vol. in-8°. — *Histoire* (2 vol.), 1871, III-920 pages. — *Belles-lettres*, 1873, XI-563 pages. — *Sciences et arts*, 1875, XIX-696 pages.

Angoulême. — Haenel, 29; — Migne, 109-110.

Annonay. — *Catalogue des livres de la Société de lecture et de ceux de la ville d'Annonay, précédé d'une histoire de la Société de lecture*, etc., par Alléon. Lyon, 1836, in-8° de XLVII-249 pages. — 1er *Supplément*, 1836, in-8° de 23 pages. — 2e *Supplément*, 1836, in-8°, p. 31-46.

Catalogue de la bibliothèque de la ville d'Annonay, par M. le Dr Alléon, conservateur de la bibliothèque. Annonay, 1850, in-8° de XXXVIII-600 pages. — 1er *Supplément*, 1851, in-8° de 62 pages. — 2e *Supplément*, 1853, in-8° de 48 pages.

Arbois. — Robert, 62-63.

Argentan. — Robert, 63.

Arles. — Haenel, 29-30; — Migne, 111-112; — Robert, 63-66.

Arras. — *Codices manuscripti bibliothecæ Sti. Vedasti apud Atrebatiam*, par sir Th. Phillipps. Paris, 1828, in-8° de 76 pages, p. 1-10.

Catalogue des manuscrits de la bibliothèque de la ville d'Arras, par Caron. Arras, 1860, in-8° de V-703 pages et 19 planches (d'après le travail de M. Quicherat).

Manuscrits de la bibliothèque d'Arras, par J. Quicherat, dans le t. IV du *Catal. gén.*, p. 1-426.

Haenel, 30-49; — Migne, 111-135; — Omont, 5.

Aubenas. — *Catalogue des livres contenus dans la bibliothèque d'Aubenas (Ardèche)*. Aubenas, 1873, in-8° de 24 pages.

Auch. — *Catalogue des incunables de la bibliothèque d'Au... précédé d'une notice historique*, par Paul Parfouru, archiviste du Gers. Auch, 1884, in-8° de 20 pages.

Robert, 209-210.

Aurillac. — Robert, 210-211.

Autun. — Haenel, 63.

Auxerre. — *Catalogus des manuscrits de la bibliothèque d'Auxerre*, par M. Max Quantin, dans le *Bulletin de la Société des sciences historiques et naturelles de l'Yonne*, t. XXVIII, p. 610-691.

Haenel, 64 ; — Migne, 163-164.

Auxonne. — Robert, 211.

Avallon. — Robert, 211.

Avignon. — *Catalogue de la bibliothèque de la ville d'Avignon*, par Fortia d'Urban. Avignon, 1804, in-8° de 138 pages.

Haenel, 50-61 ; — Migne, 163-180 ; — Robert, 211-228.

Avranches. — *Manuscrits de la bibliothèque de la ville d'Avranches*, par M. Taranne (revisé par M. Delisle), dans le t. IV du *Catal. gén.*, p. 429-562.

Notice sur les mss. de la bibliothèque d'Avranches (par l'abbé Desroches), dans les *Mémoires de la Société des antiquaires de Normandie*, 2e série, t. I, p. 70-156.

Manuscrits juridiques de la bibliothèque d'Avranches, dans les *Mémoires de la Société des antiquaires de Normandie*, t. X, p. 492-495.

Bagnères-de-Bigorre. — Robert, 228-229.

Bar-le-Duc. — *Bibliothèque souscriptionnelle. Catalogue par ordre de matières.* Bar-le-Duc, 1847, in-8° de vi-117 pages.

Catalogue des livres composant la bibliothèque de la ville de Bar-le-Duc, par Auguste Nicolas. Bar-le-Duc, 1877, in-8° de viii-224 pages.

Bastia. — Haenel, 65 ; — Migne, 179-180 ; — Robert, 230.

Baume-les-Dames. — Haenel, 65 ; — Migne, 179-180 ; — Robert, 230.

Bayeux. — *Catalogue de la bibliothèque de Bayeux*, par M. l'abbé J. Laffetay. Caen, 1880, in-8° de xii-512 pages.

Robert, 230-231 ; — Omont, 5.

Bayonne. — Robert, 231-232.

Beaune. — Haenel, 65-67 ; — Migne, 179-180 ; — Robert, 232-235.

Beauvais. — *Catalogue des livres de la bibliothèque de Beauvais*, dressé sous les auspices et pendant la mairie de M. de Nully d'Hécourt, par M. Maurice, bibliothécaire, et J. Tremblay, bibliothécaire honoraire. Beauvais, 1819, in-8° de 238 pages, avec 10 suppléments publiés jusqu'en 1856 et comprenant les p. 239-462 (Les mss. sont confondus avec les imprimés).

Haenel, 67 ; — Migne, 181-184, avec additions ; — Robert, 235-236.

Belfort. — *Catalogue des ouvrages de la bibliothèque de la ville de Belfort*, dressé en 1859 par M. Victor Dantzer. Belfort, 1859, in-8° de 63 pages.

Bergues. — *Catalogue des livres de la bibliothèque de Bergues.* Dunkerque, 1842, in-8° de 87 pages.

Notice sur les manuscrits de la bibliothèque de la ville de Bergues, par J. Lepreux, dans les *Mémoires de la Société des antiquaires de la Morinie*, t. IX, p. 251-316.

Catalogue de quelques manuscrits de la bibliothèque communale de Bergues, p. 196-201 du *Mémoire sur les bibliothèques publiques et les principales bibliothèques particulières du département du Nord*, par M. Le Glay, correspondant de l'Institut. Lille, 1841, in-8° de 496 pages.

Bernay. — *Catalogue de la bibliothèque de la ville de Bernay (Eure)*, par F. Malbranche. Bernay, 1877, in-8° de xiii-293 pages.

Besançon. — *Catalogue des livres imprimés de la bibliothèque de la ville de Besançon.* Besançon, 1842-1875. 3 vol. in-4°. — *Histoire*, 1842, viii-594 pages. — *Belles-lettres*, 1846, viii-592 pages. — *Sciences et arts*, 1875, vii-516 pages.
Haenel, 68-83; — Migne, 183-202; — Omont, 6-7.

Manuscrits grecs de Besançon, par H. Omont, dans le *Cabinet historique*, 1882, p. 354-362 et 33-36 des *Notes sur quelques manuscrits d'Autun, Besançon et Dijon, précédées du projet d'un Catalogue général des manuscrits de France, en 1725*, par le même. Paris, 1883, in-8° de 49 pages.

Béthune. — *Catalogue des ouvrages composant la bibliothèque communale de Béthune (Pas-de-Calais), au 1er janvier 1863.* Béthune, in-8° de 45 pages.

Béziers. — Robert, 236-237.

Blois. — Haenel, 83; — Migne, 201-202; — Robert, 237.

Bordeaux. — *Catalogue des livres composant la bibliothèque de la ville de Bordeaux.* Bordeaux, 1830-1856, 8 vol. in-8°. — *Sciences et arts*, 1830, xvii-816 pages. — *Histoire*, 1832, xvi-824 pages. — *Jurisprudence*, 1834, x-338 pages. — *Belles-lettres*, 1837, xv-531 pages. — *Théologie*, 1842, xi-720 pages. — *Histoire*, 1851, xxxiv-394 pages. — *Musique*, 1856, xii-127 pages.

Histoire et description de la bibliothèque de la ville de Bordeaux et aperçu des principaux ouvrages, soit imprimés, soit manuscrits qu'elle renferme, par J.-B. Gergerès, ancien magistrat, bibliothécaire de la ville. — *Manuscrits*, p. 194-245. Paris, Bordeaux, 1864, in-8° de 276 pages.

Bibliothèque municipale de Bordeaux. Catalogue des manuscrits, par J. Delpit. T. I. Bordeaux, 1832, in-4° de xxxiii-462 pages.
Haenel, 83-84; — Migne, 201-202.

Boulogne. — *Codices manuscripti olim in bibliothecas* (sic) *abbatiæ S. Vedasti, et ecclesiæ cathedralis Atrebatiæ, abbatiæ S. Eligii prope Atrebatiam; et S. Bertini apud S. Audomarum, sed hodie apud Boulogne conservati*, par sir Th. Phillipps, à la suite du *Codices manuscripti bibliothecæ Sti. Vedasti apud Atrebatiam*, mentionné plus haut, p. 3.

Catalogue des livres manuscrits et imprimés composant la bibliothèque de la ville de Boulogne-sur-Mer. — Première partie ; *Manuscrits, catalogue descriptif et raisonné*, [par Gérard], (s. l. n. d.). Rédigé en 1838, révisé en 1844. In-8° de 214 pages. (Ce catalogue, non publié, est suivi d'un *Appendice sur les manuscrits existant dans les bibliothèques particulières de Boulogne sur-Mer et de ses environs*; p. 215-256; il n'a pas été achevé.)

Manuscrits de la bibliothèque de Boulogne-sur-Mer, par M. Michelant, dans le t. IV du *Catal. gén.*, p. 563-699.

Haenel, 84-87; — Migne, 201-206.

Catalogue méthodique de la bibliothèque de la ville de Boulogne-sur Mer, par Gérard. Boulogne-sur-Mer, 1865, 2 vol. in-8° de VIII-495 pages.— *Premier supplément au catalogue méthodique de la bibliothèque de la ville de Boulogne-sur-Mer.* Boulogne-sur-Mer, 1865, 2 vol. in-8° de 598 et 396 pages.

Bourbonne-les-Bains. — Robert, 237.

Bourbourg. — Robert, 237-238.

Bourg. — Robert, 238-239.

Bourges. — *Catalogue des manuscrits de la bibliothèque de Bourges*, texte et dessins par M. le baron de Girardot. Paris, 1859, in-4° de 164 pages.
Haenel, 88-95 ; — Migne, 207-218 ; — Omont, 7.

Bourmont. — Robert, 239.

Brest. — *Catalogue méthodique de la bibliothèque communale de Brest*, par Fleury. Brest, 1877-1880, 2 vol. in-8°. — *Théologie et jurisprudence*, 1877, CLXVIII-428 pages. — *Sciences, arts et belles-lettres*, 1880, 187 pages.
Haenel, 96 ; — Migne, 217-218.

Briey. — Robert, 239.

Brignoles. — Robert, 239.

Brioude. — Robert, 239.

Brive — Robert, 239.

Caen. — *Catalogue des portraits historiques composant la galerie de la bibliothèque de Caen*, 3e édition, (par G. Mancel). Caen, 1851, in-18 de 20 pages.

Catalogue des ouvrages relatifs aux beaux-arts qui se trouvent à la bibliothèque municipale de Caen, par Gaston Lavalley, bibliothécaire-adjoint Caen, 1876, in-4° de 176 pages.

Catalogue des manuscrits de la bibliothèque municipale de Caen, précédé d'une notice historique sur la formation de la bibliothèque, par M. Gaston Lavalley. Caen, 1880, in-8° de LXIX-274 pages.

Haenel, 96-99 ; — Migne, 217-222 ; — Omont, 7.

Cahors. — Robert 240.

Calais. — Robert, 240-241.

Cambrai. — *Catalogue descriptif et raisonné des manuscrits de la bibliothèque de Cambrai*, par A. Le Glay. Cambrai, 1831, in-8° de XII-256 pages.

Catalogue descriptif et analytique de la 2e série des manuscrits de la bibliothèque communale de Cambrai (nos 1047-1156), avec un aperçu des principaux incunables que possède cet établissement, par Ch.-A. Lefèvre. Cambrai, (s. d.), in-8° de 88 pages, avec 1 planche.

Haenel, 99-115 ; — Migne, 221-242 ; — Robert, 241-242 ; — Le Glay, 85-103.

Cannes. — *Catalogue de la bibliothèque de la ville de Cannes*. Cannes, 1872, in-8° de 40 pages.

Catalogue de la bibliothèque de la ville de Cannes; nouvelle édition. Cannes, 1883, in-8° de 120 pages.

Carcassonne. — *Étude sur les manuscrits de la bibliothèque de Carcassonne*, par Ch. Fierville, dans les *Mémoires de la Société des arts et des sciences de Carcassonne*, t. III, p. 118-328.

Haenel, 115 ; — Migne, 241-242.

Carpentras. — *Catalogue descriptif et raisonné des manuscrits de la bibliothèque de Carpentras*, par C.-G.-A. Lambert, bibliothécaire. Carpentras, 1862, 3 vol. in-8° de XX-463, XV-473 et 442 pages.

Haenel, 115-117 ; — Migne, 241-246 ; — Omont, 8.

Castres. — Haenel, 118 ; — Migne, 245-246 ; — Robert, 242.

Chalon-sur-Saône. — Haenel, 118 ; — Migne, 245-246 ; — Robert, 242-244.

Châlons-sur-Marne. — Haenel, 118 ; — Migne, 245-246 ; — Robert, 244-246.

Chambéry. — *Catalogue de la bibliothèque publique de Chambéry*, rédigé par B.-A. Bouchet, avocat, bibliothécaire. Chambéry, 1846, in-8° de XXVIII-434 et 38 pages.

Robert, 247.

Charleville. — *Manuscrits de la bibliothèque de Charleville*, par J. Quicherat, dans le t. V du *Catal. gén.*, p. 545-677.

Charolles. — Robert, 247-248.

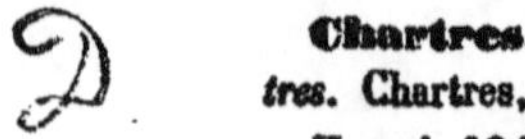

Chartres. — *Catalogue des manuscrits de la bibliothèque de la ville de Chartres*. Chartres, 1840, in-8° de XII-212 pages (réimprimé dans Migne, 253-348). Haenel, 124-138 ; — Robert, 248-250.

Châteaudun. — Robert, 250-251.

Châteauroux. — *Catalogue des livres imprimés et manuscrits de la bibliothèque de la ville de Châteauroux*, par M. Joseph Patureau. Châteauroux, 1882, in-8° de 379 pages.
Robert, 251.

Châtillon-sur-Seine. — *Cabinet historique*, t. III, II, p. 308 ; — Haenel, 138 ; — Migne, 349-350.

Chaumont. — Haenel, 139 ; — Migne, 349-350 ; — Robert, 251-255.

Cherbourg. — Robert, 255.

Clamecy. — Robert, 256.

Clermont. — *Catalogue des livres imprimés et manuscrits de la bibliothèque de la ville de Clermont-Ferrand (Puy-de-Dôme)*, mis en ordre par B. Gonod. (Les mss. sont p. 513-544). Clermont-Ferrand, 1839, in-8° de XLII-653 pages.
Haenel, 140 ; — Migne, 351-360.

Catalogue des ouvrages imprimés et manuscrits concernant l'Auvergne, extrait du catalogue général de la bibliothèque de Clermont-Ferrand (Puy-de-Dôme), mis en ordre par feu M. B. Gonod. Clermont, 1848, in-8° de VIII-223 pages.

Catalogue des livres imprimés et manuscrits de la bibliothèque de la ville de Clermont-Ferrand, par Ed. Vimont. Clermont-Ferrand, 1878, in-8°.

Clermont (Oise). — Robert, 256.

Cluny. — Robert, 257-260.

Cognac. — Robert, 260-263.

Commercy. — *Bibliothèque communale de la ville de Commercy. Catalogue*. Commercy, 1873, in-8° de 32 pages. — 1er *Supplément*, 1873, paginé 33-47. — 2e *Supplément*, 1874, paginé 48-70.

Compiègne. — Haenel, 142 ; — Migne, 361-362 ; — Robert, 263-264.

Conches. — *Catalogue des manuscrits de la bibliothèque publique de Conches (Eure)*, par H. Omont, dans le *Cabinet historique*, t. XXIV, II, 174-193, et tirage à part de 24 pages.

Condom. — Robert, 265.

Confolens. — Robert, 265.

Corbeil. — Robert, 265.

Corte. — Robert, 265.

Coutances. — Robert, 266-267.

Dieppe. — *Catalogue de la bibliothèque de Dieppe*, par A. Morin, bibliothécaire-archiviste. Dieppe, 1859, in-8° de VII-400 pages. (Les mss. sont p. 338-341.)

Catalogue de la bibliothèque de la ville de Dieppe, par Ch. Paray. Dieppe, 1884, 2 vol. in-8° de 444 et 430 pages.

Digne. — Haenel, 143 ; — Migne, 363-364 ; — Robert, 267.

Dijon. — Haenel, 144-149 ; — Migne, 363-370 ; — Robert, 267-298.

Dinan. — Robert, 298.

Dôle. — *Catalogue des livres imprimés de la bibliothèque de la ville de Dôle, ancienne capitale de la Franche-Comté*, par Jean-Joseph Pallu, bibliothécaire. Dôle, 1848, 2 vol. in-8°. — *Théologie, jurisprudence, sciences et arts, belles-lettres*, XVIII-653 pages. — *Histoire*, XV-476 pages.

Robert, 296-308.

Domfront. — *Catalogue général de la bibliothèque de la ville de Domfront*. Domfront, 1857, in-8° de 42 pages.

Douai. — *Inventaire des livres de la bibliothèque publique de la ville de Douay*, fait en 1805 par ordre de M. Deforest de Quartdeville, continué par ordre de ses successeurs jusqu'au 1er avril 1820. Douay, 1820, in-4°.

Catalogue descriptif et raisonné des manuscrits de la bibliothèque de Douai, par H.-R. Duthillœul, bibliothécaire, suivi d'une *Notice sur les manuscrits de cette bibliothèque, relatifs à la législation et à la jurisprudence*, par M. le conseiller Tailliar. Douai, 1846, in-8° de XXXIX-548 et VII-135 pages.

Manuscrits de la bibliothèque de Douai, par M. l'abbé Dehaisnes, t. VI du *Catal. gén.*

Haenel, 149-164 ; — Migne, 369-390 ; — Le Glay, 133-150.

Catalogue méthodique des imprimés de la bibliothèque publique de Douai, avec une notice historique. Douai, 1869-1874, 2 vol. in-8°. — *Droit*, 1867, LX-147 pages. — *Théologie*, 1874, VIII-275 pages.

Draguignan. — Robert, 306-307.

Dunkerque. — Robert, 307-308.

Épernay. — *Catalogue de la bibliothèque d'Épernay.* Épernay, 1870, in-8°
de xxii-106 et 35 pages. (Les mss. sont p. i-xxii.)

*Le catalogue des imprimés de la bibliothèque d'Épernay, précédé d'une lettre
à Monsieur le Maire sur l'histoire de cette bibliothèque,* par M. Louis Paris.
Théologie, jurisprudence. Épernay, 1883, in-8° de xxxix-463 pages.
Omont, 8.

Épinal. — *Manuscrits de la bibliothèque d'Épinal,* par M. Michelant, dans
le t. III du *Catal. gén.,* p. 391-471.

Étampes. — Robert, 308.

Eu. — Robert, 308.

Evreux. — Robert, 309-313 ; — Omont, 8-9.

Falaise. — *Ville de Falaise. Catalogue général des livres de la bibliothèque.*
Falaise, 1826, in-8° de 23 pages.

*Ville de Falaise. Bibliothèque des meilleurs ouvrages de la littérature moderne.
Catalogue général.* Falaise, 1827, in-8° de 13 pages. — *Supplément au catalogue
général de la bibliothèque des ouvrages nouveaux,* 1828, in-8° de 4 pages.
— 2° *Supplément,* 1829, in-8° de 4 pages.

Catalogue général de la bibliothèque de la ville de Falaise. Falaise, 1830, in-8°
de 42 pages. — *Premier supplément au catalogue général,* 1831, in-8°, p. 43-46.
— *Second supplément,* 1832, in-8°, p. 47-52. — *Troisième supplément,* 1833,
in-8°, p. 53-56. — *Quatrième supplément,* 1834, in-8°, p. 57-64. — *Cinquième
supplément,* 1837, in-8°, p. 65-76.

Foix. — Robert, 314.

Fontainebleau. — *Manuscrits de la bibliothèque du palais de Fontainebleau,*
par Henri Stein, dans le *Cabinet historique,* 1882, p. 449.
Robert, 314.

Fougères. — *Catalogue des livres de la bibliothèque de la ville de Fougères,*
publié par M. Léon Maupillé. Fougères, 1842, in-8° de 104 pages. (Les mss.
sont p. 104.) — 1ᵉʳ *Supplément,* 1854, in-8° de 75 pages.

Fréjus. — Robert, 314.

Caillac. — Robert, 315.

Gap. — Robert, 315.

Gien. — Robert, 315.

Grasse. — Robert, 316.

Gray. — Haenel, 164 ; — Migne, 389-390 ; — Robert, 316.

Grenoble. — *Catalogue des livres que renferme la bibliothèque publique de la ville de Grenoble, classé méthodiquement*, par P.-A.-A. Ducoin, conservateur de cette bibliothèque. Grenoble, 1831-1839, 3 vol. in-8° de xvi-461, 514 et 732 pages.

Haenel, 165-170 ; — Migne, 389-390 ; — Robert, 316-353.

Guéret. — Robert, 353.

Havre (le). — *Catalogue des livres de la bibliothèque de la ville du Havre-de-Grâce....* relevé en 1837 par le bibliothécaire. Le Havre , (s. d.), in-4° de 286 pages. (Le catalogue des mss. est p. 4-9.)

Haenel, 170 ; — Migne, 395-396.

Hesdin. — Robert, 354.

Joigny. — Robert, 354.

Lamballe. — Robert, 354.

Langres. — *Notice des manuscrits de la bibliothèque de Langres*, par M. de La Boullaye, bibliothécaire, publié dans la *Haute-Marne, revue champenoise*, 1856, p. 451, 499, 523, 547, 585 et 587.

Haenel, 170 ; — Migne, 397-398.

Laon. — *Manuscrits de la bibliothèque de Laon*, par M. Félix Ravaisson, dans le t. I du *Catal. gén.*, p. 51-255, avec un *Appendice au catalogue des manuscrits de la bibliothèque de Laon*, ibid., p. 504-693. — Abrégé dans Migne, 397-494.

Haenel, 170-178 : — Omont, 9.

Laval. — *Catalogue des livres de la bibliothèque de Laval*. Laval, 1839, in-8° de 80 pages. — *Premier supplément au catalogue des livres de la bibliothèque publique de Laval*, contenant les ouvrages acquis ou complétés depuis le 1ᵉʳ janvier 1839. Laval, 1844, in-8° de 26 pages.

Robert, 354-356.

Lavaur. — Robert. 356.

Libourne. — Robert, 356.

Lille. — *Catalogue des manuscrits de la bibliothèque publique de Lille*, dressé par sir Thomas Phillipps, en juin 1827, réimprimé par M. A. Dinaux, avec additions et corrections, dans les *Archives historiques et littéraires du Nord de la France*, nouvelle série, p. 461 bis-503.

Catalogue descriptif des manuscrits de la bibliothèque de Lille, par M. Le Glay. Lille, 1848, in-8° de xxxvi-443 pages.

Catalogue de la bibliothèque de la ville de Lille. Lille, 1839, 10 vol. in-8°. — *Sciences et arts*, 1839, ix-344 pages. — *Belles-lettres*, 1847, vi-319-xliv-212 et 4 pages. — *Histoire*, 4 vol., 1849-1856, iv-305, iii-326, 326 et 330 pages. — *Théologie*, 1852, ccxcii-728 pages. — *Jurisprudence*, 1870, vi-400-xlviii-18-v pages. — *Supplément*, 1re partie, 1875, xviii-514 pages. — *Supplément*, 2e partie, 1879, paginé 515-1373.

Haenel, 178-190 ; — Migne, 473-486 ; — Omont, 9.

Limoges. — *Catalogue de la bibliothèque communale de Limoges*, par Émile Ruben. Limoges, 1858-1863, 3 vol. in-8°. — *Histoire*, 1858, xiv-499 pages. — *Polygraphie, belles-lettres*, 1860, xvi-522 pages. — *Sciences et arts*, 1863, xxxii-784 pages.

Haenel, 190 ; — Migne, 485-494 ; — Robert, 356-357.

Lisieux. — *Catalogue général de la bibliothèque publique de la ville de Lisieux*. Lisieux, 1840, in-8° de 48 pages.

Catalogue général de la bibliothèque publique de la ville de Lisieux, rédigé par M. A. Michel, bibliothécaire. Lisieux, 1861, in-8° de vii-104 pages. — *Supplément*, 1861-1874, in-8° de 108 pages. — *2e Supplément*, 1874-1884, in-8° (sous presse).

Robert, 357.

Loches. — Robert, 357-358.

Lons-le-Saunier. — Robert, 358.

Louhans. — Robert, 358.

Louviers. — *Catalogue de la bibliothèque de Louviers*, par L. Bréauté, bibliothécaire. Rouen, 1840, in-8° de 378 pages. (Les mss. sont p. 363-378.)

Catalogue des manuscrits de la bibliothèque de Louviers et de Verneuil (Eure), par H. Omont, dans le *Cabinet historique*, 1882, p. 141-163, et tirage à part de 24 pages.

Lure. — Robert, 358.

Lyon. — *Manuscrits de la bibliothèque de Lyon, ou notice sur leur ancienneté, leurs auteurs, les objets qu'on y a traités, le caractère de leur écriture, l'indication de ceux à qui ils appartiennent, etc., etc., précédés : 1° d'une histoire des anciennes* bibliothèques de Lyon, et en particulier de celle de la ville; 2° d'un essai historique sur les manuscrits en général, leurs ornemens, leur cherté, ceux qui sont à remarquer dans les principales bibliothèques de l'Europe, avec une bibliographie spéciale des catalogues qui les ont décrits, par Ant.-Fr. Delandine, bibliothécaire de Lyon, etc. Paris, Lyon, 1812, 3 vol. in-8° de 489, 542 et 594 pages.

Bibliothèque de Lyon. Catalogue des livres qu'elle renferme dans la classe de l'histoire, avec des remarques littéraires et bibliographiques sur les éditions du XV° siècle, les ouvrages rares et curieux, leur prix, les noms des auteurs anonymes ou pseudonymes, des anecdotes historiques sur la vie des écrivains, etc., par Ant.-Fr. Delandine, bibliothécaire. Paris, Lyon (s. d.), 2 vol. in-8° de x-548 et viii-535 pages.

Bibliothèque de Lyon. Catalogue des livres qu'elle renferme dans la classe des belles-lettres, etc., par Ant.-Fr. Delandine. Paris, Lyon (s. d.), 2 vol. in-8° de 606 et 458-96 pages.

Bibliothèque de Lyon. Catalogue des livres qu'elle renferme dans la section du théâtre, etc., par Ant.-Fr. Delandine. Paris, Lyon (s. d.), in-8° de iv-589 pages.

Catalogue des livres doubles de la bibliothèque de la ville de Lyon. Lyon, 1831, in-8° de 404 pages.

Haenel, 190-198; — Migne, 493-504; —Omont, 9-10.

Bibliothèque du Palais des Arts. — Robert, 359-367.

Mâcon. — *Catalogue de la bibliothèque publique de la ville de Mâcon.* Mâcon, 1835, in-8° de 40 pages. (Les mss. sont p. 40.)

Mamers. — Robert, 368.

Mans (le). — *Catalogue de la bibliothèque de la ville du Mans,* par M. Fénelon Guérin. Le Mans, 1879-1883, 5 vol. in-8°. — *Théologie,* 1879, xvi-531 pages. — *Sciences et arts*, 1879, xvi-537 pages. — *Belles-lettres*, 1880, xi-457 pages. — *Jurisprudence,* 1881, xiv-388 pages. — *Histoire,* 1re partie, 1883, xiii-670 pages.

Haenel, 198-210; — Migne, 503-518; — Robert, 368-374.

Marseille. — *Catalogue de la bibliothèque de la ville de Marseille,* par Cl.-Fr. Achard. Marseille, 1793, in-8°.

Catalogue de la bibliothèque communale de Marseille. Histoire, par J.-B. Regnier. Marseille, 1861-1869, 3 vol. in-8° de ix-iv-512, vi-460 et ii-519 pages.

Haenel, 210-213; — Migne, 519-524; — Robert, 375-417; — Omont, 11.

Meaux. — Haenel, 214-215; — Migne, 523-526; — Robert, 417-420

Melun. — Robert, 420-421.

— **Mende**. — Robert, 421.

— **Mirecourt**. — Robert, 421.

— **Montargis**. — *Catalogue des manuscrits de la bibliothèque de Montargis*, par H. Stein, dans le *Cabinet historique*, 1883, p. 134-136, et tirage à part de 4 pages.

— **Montauban**. — Robert, 421-422.

— **Montbard**. — Robert, 422.

— **Montbéliard**. — Haenel, 229 ; — Migne, 243-244 ; — Robert, 422-425.

— **Montbrison**. — *Catalogue alphabétique de la bibliothèque de la ville de Montbrison, extrait abrégé des catalogues rédigés par M. le bibliothécaire, conservateur des objets d'art de la ville. Ouvrages complets, ou dont les volumes ont une importance particulière*. Montbrison, 1860, in-8° de 218 pages. (Les mss. sont p. 65-69).

— **Mont-de-Marsan**. — Robert, 425.

— **Montpellier**. — *Manuscrits de la bibliothèque de la ville de Montpellier*, par Libri, dans le t. I du *Catal. gén.*, p. 257-277.

Haenel, 246 ; — Migne, 543-552.

Catalogue des livres légués à la bibliothèque de la ville de Montpellier par l'abbé J.-B.-M. Flottes. Montpellier, 1866, in-8° de xv-617 pages.

Catalogue de la bibliothèque de la ville de Montpellier, dite du Musée Fabre. Montpellier, 1875-1880, 4 vol. in-8°. — *Théologie, jurisprudence*, 1875, xiv-550-93 pages. — *Belles-lettres*, 1876, xiii-676 pages. — *Polygraphie*, 1878, xv-190-113 pages. — *Histoire*, 1re partie, 1880, in-8° de ix-400 pages.

Bibliothèque de la ville de Montpellier. Catalogue des ouvrages légués par M. le Dr A.-C. Fages. Montpellier, 1860, in-8° de 455 pages.

Manuscrits de la bibliothèque de l'École de médecine de Montpellier, par Libri, dans le t. I du *Catal. gén.*, p. 279-477, avec un *Appendice au catalogue des manuscrits de la bibliothèque de l'École de médecine de Montpellier*, ibid.. p. 695-830.

Haenel, 229-247 ; — Migne, 552-612 ; — Omont, 11-13.

— **Montreuil-sur-Mer**. — Robert, 425.

— **Morlaix**. — *Catalogue général de la bibliothèque communale de Morlaix.* Morlaix, 1874, in-8° de 130 pages. (Les mss. sont confondus avec les imprimés.)

Catalogue (B) de la bibliothèque communale de Morlaix contenant les ouvrages qui, conformément à l'article IV du règlement, peuvent être emportés. Morlaix, 1874, in-8° de 19 pages.

Mortain. — Robert, 426.

Moulins. — Haenel, 247 ; — Migne, 611-612 ; — Robert, 426-428.

Nancy. — *Catalogue des livres de la bibliothèque royale de Nancy, fondée par le roy de Pologne, duc de Lorraine et de Bar*, rédigé par Marquet. Nancy, 1766, in-8°.

Haenel, 247-249 ; — Migne, 611-614 ; — Robert, 429-445.

Rapport à M. le Maire de la ville de Nancy sur la situation de la bibliothèque publique au 1ᵉʳ janvier 1845, fait, au nom de la commission de surveillance, par M. Gillet, secrétaire. (s. l. n. d.), in-8° de 64 pages. (Les mss. sont p. 23-37.)

Catalogue des incunables de la bibliothèque publique de Nancy, par J. Favier, dans le *Cabinet historique*, 1882, p. 272-293, 376-390 et 458-474 et tirage à part de 54 pages.

Nantes. — *Catalogue méthodique de la bibliothèque publique de Nantes*, par Emile Péhant. Nantes, 1859-1874, 6 vol. in-8°. — *Sciences religieuses, philosophiques et sociales*, 1859, xxiv-688 pages. — *Sciences naturelles, exactes et occultes*. 1861, xxviii-675 pages. — *Belles-lettres*, 1864, xv-668 pages. — *Histoire* (3 vol.), 1867, 1870, 1874, xxi-688, iv-720 et 876 pages. (Les mss. sont confondus avec les imprimés.)

Haenel, 249 ; — Migne, 613-614.

Narbonne. — *Catalogue de la bibliothèque publique de la ville de Narbonne*, par E. Roussel, bibliothécaire. Narbonne, 1867, in-8° de 266 pages. (Les mss. sont confondus avec les imprimés.)

Omont, 13.

Nemours. — *Catalogue des manuscrits de la bibliothèque de Nemours*, par M. Lex, dans la *Revue de Goële*, 1882, dernier n°.

Neufchâteau. — Robert, 445.

Neufchâtel. — Robert, 446.

Nevers. — *Catalogue méthodique des livres et manuscrits. Sciences et arts*. Nevers, 1875, in-8° de 127 pages.

Haenel, 249-250 ; — Migne, 613-614.

Nice. — Robert, 446-449.

Nîmes. — *Catalogue des livres de la bibliothèque de Nîmes*, rédigé par J.-L. Thomas de Lavernède, bibliothécaire. Nîmes, 1836, 2 vol. in-8° de xxiv-547 pages. (Les mss. sont à la fin du 2ᵉ vol.)

Catalogue de la bibliothèque de Nîmes. Second supplément, contenant les augmentations de ce dépôt depuis 1837 jusqu'à ce jour, dressé par A.-A. Liotard, conservateur de la bibliothèque, revu, complété et publié par Ch. Liotard, conservateur-adjoint honoraire. Nîmes, 1861, in-8° de xv-568 pages. (Les mss. sont p. 510-513.)

Haenel, 250 ; — Migne, 613-616.

Les manuscrits hébreux de la bibliothèque de la ville de Nîmes, par Joseph Simon, dans la *Revue des études juives*, n° 6, 1881, p. 225-237.

Manuscrits de la bibliothèque de Nîmes, par A. Molinier, dans le t. VII du *Catal. gén.* (sous presse).

Niort. — *Catalogue de la bibliothèque de la ville de Niort.* Niort, 1860-1873, 5 vol. in-8°. — *Théologie, jurisprudence*, 1860, xxiv-426 et viii-131 pages. — *Sciences et arts*, 1861, xx-563 pages. — *Belles-lettres*, 1868, xii-463 pages. — *Histoire* (2 vol.), 1872-1873, xv-480 et xi-463 pages. (Les mss. sont confondus avec les imprimés.)

Orléans. — *Bibliotheca Proustelliana, s. catalogus librorum bibliothecæ viri clarissimi D. G. Prousteau, Aurelianensis academiæ antecessoris et decani.* Aurelianis, 1721, in-4° de 176 pages, plus l'introduction et la table qui ne sont pas paginées.

Actes concernant la bibliothèque d'Orléans avec le catalogue. Orléans, 1747, in-8°.

Catalogue des livres de la bibliothèque publique fondée par M. Prousteau, professeur en droit, etc., composée des livres et mss. de Henry de Valois et déposée chez les P. P. Bénédictins, dans leur monastère de Bonne-Nouvelle, avec des notes critiques et bibliographiques, par S. Fabre. Paris, Orléans, 1777, in-4° de lii-402 pages.

Manuscrits de la bibliothèque d'Orléans, ou notices sur leur ancienneté, leurs auteurs, les objets qu'on y a traités, le caractère de leur écriture, l'indication de ceux à qui ils ont appartenu, etc., précédés de notes historiques sur les anciennes bibliothèques d'Orléans, et en particulier sur celle de la ville, par A. Septier. Orléans, 1820, in-8° de 287 pages.

Haenel, 267-279 ; — Migne, 639-656.

Paris. — Bibliothèques en général. — *Notizia dos manuscriptos pertencentes ao direito publico externo diplomatico de Portugal e a historia, e litteratura do mesmo paiz, que existem na biblioteca r. de Paris e outras da n esma capital e nos archivos de França*, examinados e colligidos pe lo segundo visconde de Santarem. Lisboa, 1827, in-8° de 105 pages.

I manoscritti italiani della regia biblioteca Parigina, descritti ed illustrati dal dottore Antonio Marsand, professore emerito dell' imperiale e reale universita di Padova. Parigi, 1835-1838, 2 vol. in-4° de xii-867 et v-517 pages. — Le titre du t. II est suivi de ce sous-titre : *Continuazione e fine. Volume II° che contiene altresi la descrizione e l'illustrazione de' manoscritti italiani delle tre regie bibliotece, l'Arsenale, Santa Genovefa, la Mazarina.*

Catalogo razonado de los manuscritos españoles existentes en la biblioteca real de Paris, seguido de un suplemento que contiene los de las otras tres bibliotecas publicas (del Arsenal, de Santa Genoveva y Mazarina), per Eugenio de Ochoa. Paris, 1844, in-4° de XI-703 pages.

Notices et extraits des documents manuscrits conservés dans les dépôts publics de Paris et relatifs à l'histoire de la Picardie, par Hippolyte Cocheris. Paris, 1854-1859, 2 vol. in-8° de 693 et 626 pages.

Le Cabinet historique, revue mensuelle, contenant, avec un texte et des pièces inédites, intéressantes ou peu connues, le catalogue général des manuscrits que renferment les bibliothèques publiques de Paris et des départements, etc., sous la direction de Louis Paris et d'Ulysse Robert. Paris, 1855-1883, 29 vol. in-8°.

Inventaire sommaire des documents relatifs à la Franche-Comté qui sont conservés dans les bibliothèques de Paris et aux Archives nationales, par Ulysse Robert. Besançon, 1874, in-8° de 36 pages. (Extrait de l'*Annuaire du Doubs* de 1874, p. 119-154.)

Catalogue des manuscrits relatifs à la Franche-Comté qui sont conservés dans les bibliothèques publiques de Paris, par Ulysse Robert. Paris, 1878, in-8° de 330 pages. (Extrait des *Mémoires de la Société d'émulation du Jura*, 2ᵉ série, t. III et IV.)

Inventaire des cartulaires conservés dans les bibliothèques de Paris et aux Archives nationales, par Ulysse Robert, suivi d'une *Bibliographie des cartulaires* publiés en France depuis 1840, [par M. Delisle]. Paris, 1878, in-8° de VII-107 pages. (Extrait du *Cabinet historique*, t. XXXIII, II, p. 126-235.)

Inventaire sommaire des manuscrits grecs conservés dans les bibliothèques publiques de Paris autres que la Bibliothèque nationale, par Henri Omont. Paris, 1883, in-8° de 10 pages. (Extrait du *Bulletin de la Société de l'histoire de Paris et de l'Ile-de-France*, juillet-août 1883, p. 118-125.)

Bibliothèque nationale. — Département des manuscrits. — *Bibliotheca Coisliniana olim Segueriana, seu manuscriptorum omnium græcorum quæ in ea continentur accurata descriptio, ubi operum singulorum notitia datur, ætas cujusque manuscripti indicatur, vetustiorum specimina exhibentur, aliaque multa annotantur quæ ad palæographiam pertinent...* operâ et studio Bern. de Montfaucon. Parisiis, 1715, in-fol. de XX-810 pages.

Catalogus codicum manuscriptorum bibliothecæ regiæ. Parisiis, 1739-1744, 4 vol. in-fol. (Le t. I, 1739, de II-458 pages, plus la table, comprend les mss. orientaux ; le t. II, 1740, de 626-XIV pages, comprend les mss. grecs ; les t. III et IV, 1744, de X-632 et 536-CXXXVIII pages, comprennent les mss. latins).

Catalogus librorum bibliothecæ regiæ sinicorum, p. 345-516 du *Linguæ Sinarum mandarinicæ hieroglyphicæ grammatica duplex*, etc., par Étienne Fourmont. Parisiis, 1742, in-fol. de 516 pages.

Catalogue des manuscrits samskrits de la Bibliothèque impériale, avec des notices du contenu de la plupart des ouvrages, par MM. Alexandre Hamilton et L. Langlès. Paris, 1807, in-12 de 118 pages.

Les manuscrits françois de la Bibliothèque du Roi, leur histoire et celle des textes allemands, anglois, hollandois, italiens, espagnols de la même collection, par Paulin Paris. Paris, 1836-1848, 7 vol. in-8° de xxxii-358, xxxii-376, viii-393, iii-438, 451, viii-500 et 473 pages, plus la table des 5 premiers vol., paginée 365-511.

Catalogue des livres imprimés et manuscrits composant la bibliothèque de feu M. Eugène Burnouf, membre de l'Institut, etc. Paris, 1854, in-8° de 358 pages. (Les mss., au nombre de 218 nos, pour la plupart en dialectes indiens, ont été acquis en 1854 par la Bibliothèque nationale. Ils figurent sous les p. 321-353 de ce catalogue.)

Les manuscrits slaves de la Bibliothèque impériale de Paris, par le P. Martinof. Paris, 1858, in-8° de 113 pages.

Inventaire des manuscrits latins conservés à la Bibliothèque impériale sous les numéros 8823-18613, et faisant suite à la série dont le catalogue a été publié en 1744, par Léopold Delisle. Paris, 1863-1871, in-8° de 127, 132, 79, 77, 105 et xliii pages. (Cet inventaire, publié d'abord dans la *Bibliothèque de l'École des chartes*, 1863 et suiv., comprend les mss. du Supplément latin et ceux des fonds de Saint-Germain-des-Prés, de Saint-Victor, de la Sorbonne, de Notre-Dame et des petits fonds.)

Inventaire des manuscrits latins de la Bibliothèque nationale insérés au fonds des nouvelles acquisitions du 1er août 1871 au 1er mai 1874, [par M. Delisle]. (Extrait de la *Bibliothèque de l'École des chartes*, t. XXXIV, p. 76-92, et tirage à part de 16 pages.)

Catalogues des manuscrits hébreux et samaritains de la Bibliothèque impériale. Paris, 1866, in-4° de viii-237 pages.

Catalogue des manuscrits français, publié par ordre de l'Empereur et du Gouvernement. Paris, 1868-1881, 3 vol. in-4° de ix-783, 810 et 800 pages.

Notice sur des collections manuscrites de la Bibliothèque nationale, [par M. Delisle]. (S. l. n. d.), in-8° de 54 pages. (Extrait de la *Bibliothèque de l'École des chartes*, t. XXXII, p. 237-290. Cette *Notice* comprend les collections relatives à l'histoire des provinces de Bourgogne, Bretagne, Champagne, Flandre, Languedoc, Lorraine, Périgord, Picardie, Poitou, Touraine et Vexin.)

Notice sur des collections manuscrites de la Bibliothèque nationale : Baluze, Bréquigny et Brienne, [par M. Delisle], dans la *Bibliothèque de l'École des chartes*, t. XXXV, p. 266-325.

Catalogues des manuscrits syriaques et sabéens (mandaïtes) de la Bibliothèque nationale, [par M. Zotenberg]. Paris, 1874, in-4° de vi-216 pages.

Inventaire général et méthodique des manuscrits français de la Bibliothèque nationale, par Léopold Delisle. Paris, 1876-1878, 2 vol. in-8°. — *Théologie*, 1876, clxix-201 pages. — *Jurisprudence, sciences et arts*, 1878, 355 pages.

Inventaire sommaire des nouvelles collections de titres originaux de la Bibliothèque nationale, (mss. français 25,297-26,484), par Ulysse Robert, dans le *Cabinet historique*, t. XXIII, ii, p. 1-100, et tirage à part de 100 pages).

Catalogue des manuscrits éthiopiens (ghees et amharique) de la Bibliothèque nationale, par M. Zotenberg. Paris, 1878, in-4° de v-286 pages.

Bibliothèque nationale. Département des manuscrits, chartes et diplômes. Notice des objets exposés. Paris, 1878, in-8° de 79 pages.

Inventaire sommaire des dépêches des ambassadeurs vénitiens relatives à la France, déposées au département des manuscrits de la Bibliothèque nationale, par Gaston Raynaud, dans le *Cabinet historique*, t. XXIV, ii, p. 259-266, et tirage à part de 14 pages.

Inventaire sommaire de la collection Joly de Fleury, par A. Molinier, dans le *Cabinet historique*, t. XXVI et XXVII, et tirage à part de xxxvi-114 pages.

Catalogue des manuscrits espagnols de la Bibliothèque nationale, par M. Alfred Morel-Fatio ; 1ʳᵉ livraison. Paris, 1881, in-4° de 243 pages.

Inventaire des manuscrits latins de la Bibliothèque nationale insérés au fonds des nouvelles acquisitions, du 1ᵉʳ mars 1874 au 31 décembre 1881, par Ulysse Robert, dans le *Cabinet historique*, t. XXVIII, p. 52-74, 164-190, 293-296.

Inventaire des manuscrits italiens de la Bibliothèque nationale qui ne figurent pas dans le catalogue de Marsand, par Gaston Raynaud, dans le *Cabinet historique*, t. XXVII, et tirage à part de 152 pages.

List of Pâli mss. in the Bibliothèque nationale Paris, by M. Léon Feer, dans *Journal of the Pâli Text Society*, edited by T. W. Rhys David. London, 1882, in-8°, p. 32-37.

Inventaire abrégé de la collection Dupuy, par M. Léopold Delisle, dans le *Cabinet historique*, 1882, p. 527-555.

Catalogue des manuscrits arabes de la Bibliothèque nationale ; 1ʳᵉ livraison. Paris, 1883, in-4° de 336 pages.

Inventaire sommaire des manuscrits du Supplément grec de la Bibliothèque nationale, par Henri Omont. Paris, 1883, in-8° de xvi-137 pages.

Catalogue des manuscrits anglais de la Bibliothèque nationale, par Gaston Raynaud. Paris, 1884, in-8° de 30 pages. (Extrait du *Cabinet historique*, t. XXVIII.)

Inventaire des manuscrits de la Bibliothèque nationale. Fonds de Cluny, par Léopold Delisle. Paris, 1884, in-8° de xxv-413 pages.

Inventaires sommaires de divers fonds de la Bibliothèque nationale, dans Migne, 657-1139, se divisant de la manière suivante :

1° *Manuscrits français appartenant à divers fonds*, 657-679 ;

2° *Manuscrits latins*, 679-720 ;

3° *Ancien fonds du Roi*, 720-837 ;

4° *Documents ecclésiastiques concernant la Bretagne*, 1090-1120 ;

5° *Catalogue des manuscrits arméniens de la Bibliothèque du Roi, dressé en 1735, par M. l'abbé de Villefroy*, 1120-1139, d'après Montfaucon, *Bibliotheca bibliothecarum manuscriptorum nova*, t. II, 1014-1027.

Département des imprimés. — Catalogue des livres imprimés de la Bibliothèque du Roy. Théologie, belles-lettres, jurisprudence. Paris, 1743-1753, 6 vol. in-fol. de LXXXII-(IV ff.)-405 et 106, VIII-501, VIII-258 et 141, XVI-604, VIII-208 et 326, VIII-4-327-98 et 113 pages.

Catalogue des livres imprimés sur vélin de la Bibliothèque du Roi, par Van Praet. Paris, 1822, t. I à V, avec supplément, 6 vol. in-8° de XI-IV-348, II-120, VI-84, VIII-332, III-380 et I-223 pages.

Catalogue de l'histoire de France. Paris, Didot, 1855-1879, 11 vol. in-4° de XXIV-637, 781, 811, 707, 803, 817, 819, 759, 799, 779 et 747 pages.

Catalogue des sciences médicales. Paris, Didot, 1857-1873, 2 vol. in-4° de IV-795 et 779 pages.

Inventaire alphabétique des livres imprimés sur vélin de la Bibliothèque nationale. Complément au catalogue publié par Van Praet. Paris, 1877, in-8° de 174 pages.

Inventaire de la collection des ouvrages et documents sur Michel de Montaigne, réunis par le Dr J.-F. Payen, rédigé par Gabriel Richou. Bordeaux, 1877, in-8° de 274 pages.

Bibliothèque nationale. Département des imprimés. Liste des ouvrages mis à la libre disposition du public dans la salle de travail. Paris, 1869, in-8° de 13 pages.

Catalogue alphabétique des ouvrages mis à la libre disposition des lecteurs dans la salle de travail. Paris, 1879, in-12 de 266 pages.

Bibliothèque nationale. Département des imprimés. Notice des objets exposés. Paris, 1878, in-12 de 130 pages.

Bibliothèque nationale. Bulletin mensuel des publications étrangères reçues par le département des imprimés. Paris, 1877-1884, in-8°.

Liste des périodiques étrangers reçus par le département des imprimés. Paris, 1882, in-8° de XXVIII pages.

Bulletin mensuel des récentes publications françaises. Paris, 1882-1884, in-8°.

Bibliothèque nationale. Catalogue des ouvrages donnés par M. V. Schœlcher, sénateur, 1884. Nogent-le-Rotrou, imprimerie Daupeley-Gouverneur, (1884), in-8° de 99 pages.

Notice des objets exposés dans la salle du Parnasse français à l'occasion du second centenaire de la mort de Pierre Corneille. Octobre 1884. Paris, 1884, pet. in-8° de 55 pages.

Autographies.

Supplément au catalogue de l'histoire de France. — Histoire locale, 1880, in-4° de 735 pages.

Biographies, 1884, in-4° de 953 pages.

Catalogue de l'histoire de la Grande-Bretagne, 1878, in-8° de 68 pages.

Catalogue de l'histoire d'Espagne, 1883, in-8° de 509 pages.

Département des médailles et antiques. — *Notice des monuments exposés dans le cabinet des médailles et antiques de la Bibliothèque du Roi.* Paris, 1819, in-8° de 76 pages, et 1828, in-8° de 62 pages.

Histoire du cabinet des médailles, antiques et pierres gravées, avec une notice sur la Biblioth`que royale et une description des objets exposés dans cet établissement, par Marion Dumersan. Paris, 1838, in-8° de xvi-192 pages.

Catalogue général et raisonné des camée et pierres gravées de la Bibliothèque impériale, suivi de la description des autres monuments exposés dans le cabinet des médailles et antiques, par A. Chabouillet. Paris, 1858, in-8° de 634 pages.

Département des médailles, pierres gravées et antiques. Description sommaire des monuments exposés. Paris, 1867, in-8° de 164 pages.

Département des estampes. — *Catalogue des volumes d'estampes dont les planches sont à la Bibliothèque du Roy.* Paris, 1743, in-fol.

Notice des estampes exposées à la Bibliothèque royale, formant un aperçu historique des productions de l'art et de la gravure, par Duchesne. Paris, 1837, in-8° de xx-200 pages ;— nouvelle édition. Paris, 1855, in-8° de xxxvii-xvi-210 pages.

Le département des estampes à la Bibliothèque nationale. Notice historique, suivie d'un catalogue des estampes exposées dans les salles de ce département, par le vic·mte Henri Delaborde. Paris, 1875, in-8° de 442 pages.

Inventaire de la collection d'estampes relatives à l'histoire de France léguée en 1863 à la Bibliothèque nationale par M. Michel Hennin, rédigé par M. Georges Duplessis. Paris, 1878-1882, 4 vol. in-8° de 479, 464, 449 et 488 pages.

Bibliothèque nationale. Département des estampes. Notice des objets exposés. Paris., 1878, in-12 de 39 pages.

Catalogue de la collection de pièces sur les beaux-arts imprimées et manuscrites recueillie par Pierre-Jean Mariette, Charles-Nicolas Cochin et M. Deloynes, auditeur des comptes, et acquise récemment par le département des estampes de la Bibliothèque nationale,* par Georges Duplessis. Paris, 1881, in-8° de 224 pag·s. (Extrait du *Cabinet historique,* t. XXVI).

Les portraits aux crayons des XVᵉ et XVIᵉ siècles, conservés à la Bibliothèque nationale (1525-1646). Notice, catalogue et appendice, par Henri Bouchot. Paris, 1884, gr. in-8° de 412 pages.

Arsenal. — Haenel, 298-380 ; — Migne, 1191-1294 ; — Robert, 66-209 ; — Omont, 6-7.

Notizia dei manoscritti italiani o che si riferiscono a l'Italia esistenti nella libreria dell' Arsenale in Parigi, compilado da Giuseppe Molini. Firenze, 1836, in-8° de 25 pages.

Dépouillement du recueil Conrart de la bibliothèque de l'Arsenal, dans le *Cabinet historique,* t. V-XXII passim.

Institut. — *Inventaire de la collection Godefroy,* par MM. Lud. Lalanne et

Servois, publié dans l'*Annuaire-Bulletin de la Société de l'histoire de France*, 1865, 2ᵉ partie, p. 1-239, et 1866, 2ᵉ partie, p. 1-128.

Omont, 9.

Luxembourg. — *Catalogue de la bibliothèque du Sénat*. Paris, 1868, in-8° de xvi-1033 pages.

Mazarine. — *Les manuscrits historiques de la bibliothèque Mazarine*, dans le *Cabinet historique*, t. XX, ii, p. 192-209 et 254-271, XXI, ii, p. 42-60 et 106-125.

Haenel, 298 ; — Migne, 1177-1192 ; — Omont, 4-6.

Sainte-Geneviève. — Haenel, 282-293 ; — Migne, 1139-1156 ; — Omont, 7-8.

Périgueux. — Haenel, 382 ; — Migne, 1293-1294.

Perpignan. — *Catalogue des livres imprimés et manuscrits de la bibliothèque communale de Perpignan*, par A. Fourquet, bibliothécaire. Perpignan, 1867, in-8° de xii-472 pages.

Haenel, 383-384 ; — Migne, 1293-1296.

Poitiers. — *Inventaire analytique et descriptif des manuscrits de la bibliothèque de Poitiers*, par Paul de Fleury. Poitiers, 1868, in-8° de 98 pages.

Table des manuscrits de dom Fonteneau conservés à la bibliothèque de Poitiers, par M. Redet. Poitiers, Paris, 1839, in-8° de xvi-465 pages. — *Supplément*, 1855, in-8° de 47 pages.

Haenel, 385-387 ; — Migne, 1295-1300 ; — Omont, 13.

Pont-à-Mousson. — *Catalogue alphabétique et méthodique de la bibliothèque municipale de Pont-à-Mousson*, par Prosper Picart, bibliothécaire. Pont-à-Mousson, 1883, in-8° de 328 pages.

Pontarlier. — *Notice sur les manuscrits de la bibliothèque publique de Pontarlier*, par M. Jules Gauthier, dans la *Bibliothèque de l'École des chartes*, t. XLI, p. 58-72, et tirage à part de 15 pages.

Haenel, 387 ; — Migne, 1299-1300.

Pont-Audemer. — *Catalogue des livres les plus généralement demandés à la bibliothèque communale de Pont-Audemer*. (1867), in-8° de 7 pages.

Catalogue de la bibliothèque Canel léguée à la ville de Pont-Audemer. Rouen, 1883, gr. in-8° de xvi-767 pages.

Pontivy. — *Catalogue de la bibliothèque communale de Pontivy (Morbihan)*. (S. l. n d.), in-8° de 27 pages.

Pontoise. — Haenel, 387-388 ; — Migne, 1299-1300.

Provins. — Haenel, 388 ; — Migne, 1299-1300.

Puy (le). — Haenel, 388 ; — Migne, 1301-1302.

Reims. — *Le catalogue des imprimés de la bibliothèque de Reims, avec des notices sur les éditions rares, curieuses et singulières, des anecdotes littéraires et la provenance de chaque ouvrage*, par Louis Paris. Reims, 1843-1844, 2 vol. in-8°. — *Théologie, jurisprudence*, 1843, xii-464 pages. — *Sciences et arts*, 1844, ii-542-ix pages.

Bibliothèque de la ville de Reims. Catalogue des imprimés, par Ch. Loriquet. Reims, 1867-1878, 3 vol. in-8°. — *Belles-lettres* (2 vol.), 1867, viii-1383 pages. — *Sciences philosophiques et sociales*, 1878, 416 pages.

Haenel, 389-410 ; — Migne, 1301-1328 ; — Omont, 13.

Rennes. — *Catalogue des livres de la bibliothèque publique de Rennes.......* rédigé par Dominique Maillet, bibliothécaire. Rennes, 1823-1843, 5 vol. in-8°. — *Théologie, jurisprudence, sciences et arts*, 1823-1828, ii-693-20 pages. — *Belles-lettres et histoire*, 1823-1828, paginé 695-1411-xv. — 1er *Supplément*, 1830, in-8° de 71 pages. — 2e *Supplément*, 1843, in-8° de 323-xii-55 pages.

Table alphabétique du catalogue des livres de la bibliothèque publique de Rennes, par D. Maillet. Rennes, 1829, in-8° de 267 pages.

Description, notices et extraits de manuscrits de la bibliothèque publique de Rennes, etc., par Dominique Maillet. Rennes, 1837, in-8° de xvi-241 pages. — *Supplément*, 1843, in-8° de 27 pages.

Haenel, 410-411 ; — Migne, 1327-1330 ; — Omont, 14.

Roanne. — *Catalogue de la bibliothèque de la ville de Roanne*, dressé par J. Augagneur, bibliothécaire, et publié par l'administration municipale, précédé d'une notice par Arthaud de Viry (J.-B. Arthur), docteur en médecine, médecin en chef de l'hôpital, directeur de la bibliothèque. Roanne, 1856, in-8° de xii-304 pages. (Les mss. sont p. 271-278.)

Rochelle (la). — *Catalogue de la bibliothèque de la ville de la Rochelle*, recueilli par Gaudin, bibliothécaire. La Rochelle, an xiii, in-8° de xiii-444 pages. (Les mss. sont p. 375-378.)

Catalogue de la bibliothèque publique de la ville de la Rochelle, publié par ordre du Conseil municipal, par L. Delayant, bibliothécaire. La Rochelle, 1878, in-8° de xxxix-798 pages. (Les mss. sont confondus avec les imprimés ; il y en a une table, p. 679-688.) — 2e *Supplément*, 1878, in-8° de 15 pages.

Haenel, 412-414 ; — Migne, 1331-1334.

Roche-sur-Yon (la). — *Catalogue de la bibliothèque de la ville de Napoléon-Vendée*, par M. Léon Audé. Napoléon-Vendée, 1857, in-8° de xxxi-547 pages.

Rodez. — Haenel, 411 ; — Migne, 1329-1330.

Rouen. — *Catalogue de la bibliothèque de la ville de Rouen*, publié sous l'administration de M. le marquis de Martainville, par M. Théodore Licquet, conservateur. Rouen, 1830-1833, 2 vol. in-8°. — *Belles-lettres*, 1830, 499 pages. — *Sciences et arts*, terminé et mis au jour par André Pottier, conservateur. 1833, viii-547 pages.

Notices et extraits des principaux manuscrits de la bibliothèque de Rouen, (t. III, par A. Pottier). In-4°, p. 1-32, 6 pl. (Volume inachevé et non publié.)

Catalogue des livres imprimés, manuscrits, estampes, dessins et cartes à jouer composant la bibliothèque de M. C. Leber. Paris, 1839-1840, 3 vol. in-8° de xlviii-479, vi-466 et 335 pages. (Le t. IV, contenant le *Supplément*, qui n'est pas à la bibliothèque de Rouen, renferme aussi des Tables générales.)

Catalogue des manuscrits de la bibliothèque municipale de Rouen relatifs à la Normandie, précédé d'une notice sur la formation de la bibliothèque et ses accroissements successifs, publié sous l'administration de M. E. Nétien, maire, par Ed. Frère, conservateur de la bibliothèque. Rouen, 1874, in-8° de xvi-208 pages.

Haenel, 414-434 ; — Migne, 1333-1360 ; — Omont, 14.

Saint-Amand. — *Catalogue des livres qui composent la bibliothèque communale de Saint-Amand-les-Eaux (Nord)*. Saint-Amand, 1880, in-8° de 114 pages. (Les mss. sont confondus avec les imprimés.)

Saint-Dié. — *Manuscrits de la bibliothèque de Saint-Dié*, par M. Michelant, dans le t. III du *Catal. gén.*, p. 475-505.

Haenel, 142-143 ; — Migne, 361-364.

Saint-Mihiel. — *Manuscrits de la bibliothèque de Saint-Mihiel*, par M. Michelant, dans le t. III du *Catal. gén.*, p. 509-539.

Haenel, 227-229 ; — Migne, 541-544 ; — Omont, 14.

Saint-Omer. — *Catalogue sommaire des manuscrits de la bibliothèque de la ville de Saint-Omer*, par H. Piers. Saint-Omer, 1830, in-8° de 32 pages.

Catalogue des manuscrits de la bibliothèque de Saint-Omer concernant l'histoire de France, par H. Piers. Lille, 1840, in-8° de 88 pages.

Manuscrits de la bibliothèque de Saint-Omer, par M. Michelant, dans le t. III du *Catal. gén.*, p. 1-386. (Un tirage à part du travail de M. Michelant sur les mss. de Saint-Omer, avec table, forme un volume in-4° de 465 pages, auquel M. Duchet a joint un supplément comprenant la notice des mss. 843-887 (in-4° de 39 pages) et des additions et corrections, in-4° de 40 pages.)

Haenel, 251-267 ; — Migne, 615-640.

Saint-Pol. — *Catalogue de la bibliothèque publique de la ville de Saint-Pol (Pas-de-Calais)*, dressé en 1867 sous les auspices du Conseil d'administration. Saint-Pol, in-8° de 216 pages. — *Premier supplément*, dressé en 1880. Saint-Pol, in-8° de 80 pages. (Les mss. sont confondus avec les imprimés.)

Saint-Quentin. — Haenel, 389 ; — Migne, 1301-1302.

Salins. — *Catalogue des manuscrits de la bibliothèque de la ville de Salins*, par M. Bernard Prost, dans le *Cabinet historique*, t. XXIV, II, 1-35, et tirage à part de 39 pages.

Sedan. — *Catalogue de la bibliothèque de la ville de Sedan*, dressé par M. de Brun, bibliothécaire, le 20 novembre 1856. Sedan, in-8° de 142 pages.

Semur. — *Cabinet historique*, t. II, II, p. 50.

Sens. — Haenel, 438-440 ; — Migne, 1357-1360 ; — *Cabinet historique*, t. V, II, p. 40-60.

Soissons. — *Catalogue général de la bibliothèque de Soissons*, [par M. Brayer]. (S. l. n. d.), in-8° de 400 pages. (Les mss. sont p. 358-383.) Haenel, 440-444 ; — Migne, 1359-1368 ; — Omont, 15.

Recherches bibliographiques sur le département de l'Aisne, catalogue et table des livres, chartes, lettres patentes, etc., et documents imprimés concernant le département de l'Aisne, composant la bibliothèque de C. Périn,... Soissons, 1883, gr. in-8° de VII-555 pages.

Tonnerre. — *Cabinet historique*, t. II, II, p. 54-60.

Toul. — *Catalogue de la bibliothèque communale de Toul*. Toul, 1866, in-8° de 173 pages.

Toulouse. — Haenel, 475-480 ; — Migne, 1405-1412 ; — Omont, 15. *Catalogue des incunables de la bibliothèque de Toulouse*, rédigé par le Dr Desbarreaux-Bernard. Toulouse, 1878, in-8° de LXXV-266 pages et 26 planches.

Manuscrits de la bibliothèque de Toulouse, par M. A. Molinier, dans le t. VII du *Catal. gén.* (sous presse.)

Tournus. — *Ville de Tournus. Catalogue des ouvrages de la bibliothèque*, par M. l'abbé Pater. Chalon-sur-Saône, 1867, pet. in-fol. de 55 pages. (Les mss. sont confondus avec les imprimés.)

Tours. — *Catalogue descriptif et raisonné des manuscrits de la bibliothèque de Tours*, par A. Dorange. Tours, 1875, in-4° de VIII-582 pages. Haenel, 480-486 ; — Migne, 1411-1420 ; — Omont, 15.

Troyes. — *Manuscrits de la bibliothèque de Troyes*, par Harmand, t. II du *Catal. gén.*, in-4° de XXVII-1170 pages. Haenel, 486-490 ; — Migne, 1421-1428 ; — Omont, 15.

Catalogue d'ouvrages et pièces concernant Troyes, la Champagne méridionale et le département de l'Aube, provenant du cabinet du docteur François Carteron et appartenant à la bibliothèque de Troyes, par M. Léon Pigeotte. Troyes, 1875, in-8°.

Catalogue de la bibliothèque de la ville de Troyes, par E. Socard. Troyes, 1875-1881, 9 vol. in-8°. — *Histoire* (6 vol.), 1875, 1876, 1877, 1878, 1879, 1880, XI-547, IV-563, III-486, VIII-572, VI-600, II-599 pages. — *Ouvrages intéressant l'histoire de Troyes et du département de l'Aube* (2 vol), 1881, III-562 et III-562 pages. — *Belles-lettres*, 1881, V-586 pages.

Valenciennes. — *Manuscrits de la bibliothèque de Valenciennes*, par Aimé Leroy, publié par Arthur Dinaux dans les *Archives historiques et littéraires du nord de la France et du midi de la Belgique*, 3° série, t. I, p. 9-48 et 361-384.

Catalogue descriptif et raisonné des manuscrits de la bibliothèque de Valenciennes, par J. Mangeart, bibliothécaire, etc. Paris, Valenciennes, 1860, gr. in-8° de XIV-764 pages

Catalogue des livres imprimés et manuscrits de la bibliothèque léguée à la ville de Valenciennes par M. Benezech, rédigé par M. Dufour. Valenciennes, 1853, in-8° de 212 pages.

Haenel, 491-492 ; — Migne, 1427-1428·

Vendôme. — Haenel, 402-408 ; — Migne, 1429-1438.

Verdun. — *Manuscrits de la bibliothèque de Verdun*, par M. H. Michelant, dans le t. V du *Catal. gén.*, p. 423-536.

Catalogue des incunables de la bibliothèque de Verdun (Meuse), par N. Frizon, dans le *Cabinet historique*, 1883, p. 209-230 et 312-339.

Catalogue méthodique de la bibliothèque publique de la ville de Verdun, revu, complété et publié par l'abbé N. Frizon, bibliothécaire de la ville, docteur en théologie, licencié en droit canon, chanoine honoraire de la cathédrale. — *Histoire (avec une notice historique sur la bibliothèque)*. Verdun, 1884, gr. in-8° de LXVII-558 pages.

Verneuil. — *Catalogue des manuscrits de Verneuil*, par H. Omont, dans le *Cabinet historique*, 1882, p. 161-163 et tirage à part (voyez Louviers).

Vernon. — *Bibliothèque communale de Vernon. Catalogue*. Vernon, 1864, in-8° de VI-70 pages. — 1er *Supplément*, 1866, in-8° de 32 pages. — 2° *Supplément*, 1870, in-8° de 30 pages.

Bibliothèque communale de Vernon (Eure). Vernon, 1881, in-8° de 224 pages (autographié).

Versailles. — *Catalogue des sciences médicales*. Versailles, 1865, in-8°.

Cabinet des curiosités et d'objets d'art de la bibliothèque publique de Versailles. Catalogue. Versailles, 1869, in-8° de IV-95 pages.

Catalogue des livres de la bibliothèque de Versailles relatifs à l'histoire de la ville. Versailles, 1875, in-8°.

Vesoul. — *Catalogue des manuscrits et livres imprimés de la bibliothèque de la ville de Vesoul.* Vesoul, 1863, in-8° de XVI-583 pages. (Les mss. sont p. 417-426.)

Vienne. — *Catalogue des livres de la bibliothèque publique de la ville de Vienne (Isère)*, rédigé par J.-T. Leblanc, bibliothécaire. Vienne, 1875, in-8° de XII-362 pages.

Villeneuve-les-Avignon. — Haenel, 499 ; — Migne, 1437-1438.

Vitré. — *Catalogue de la bibliothèque de Vitré. Première partie, Théologie.* Vitré, 1883, in-8° de 92 pages.

Vitry-le-François. — *Extrait du catalogue général de la bibliothèque de Vitry-le-François.* Vitry-le-François, 1876, in-8° de 120 pages.

Catalogue des manuscrits de Vitry-le-François, précédé d'une introduction, par G. Hérelle, professeur de philosophie. Paris, 1877, in-8° de XV-84 pages. Omont, 15.

Ulysse Robert.